LA

CITÉ BOIGUES

A CLAMART (Seine)

ASSOCIATION DES PROPRIÉTAIRES

RÈGLEMENT

CITÉ BOIGUES

CLAMART (SEINE).

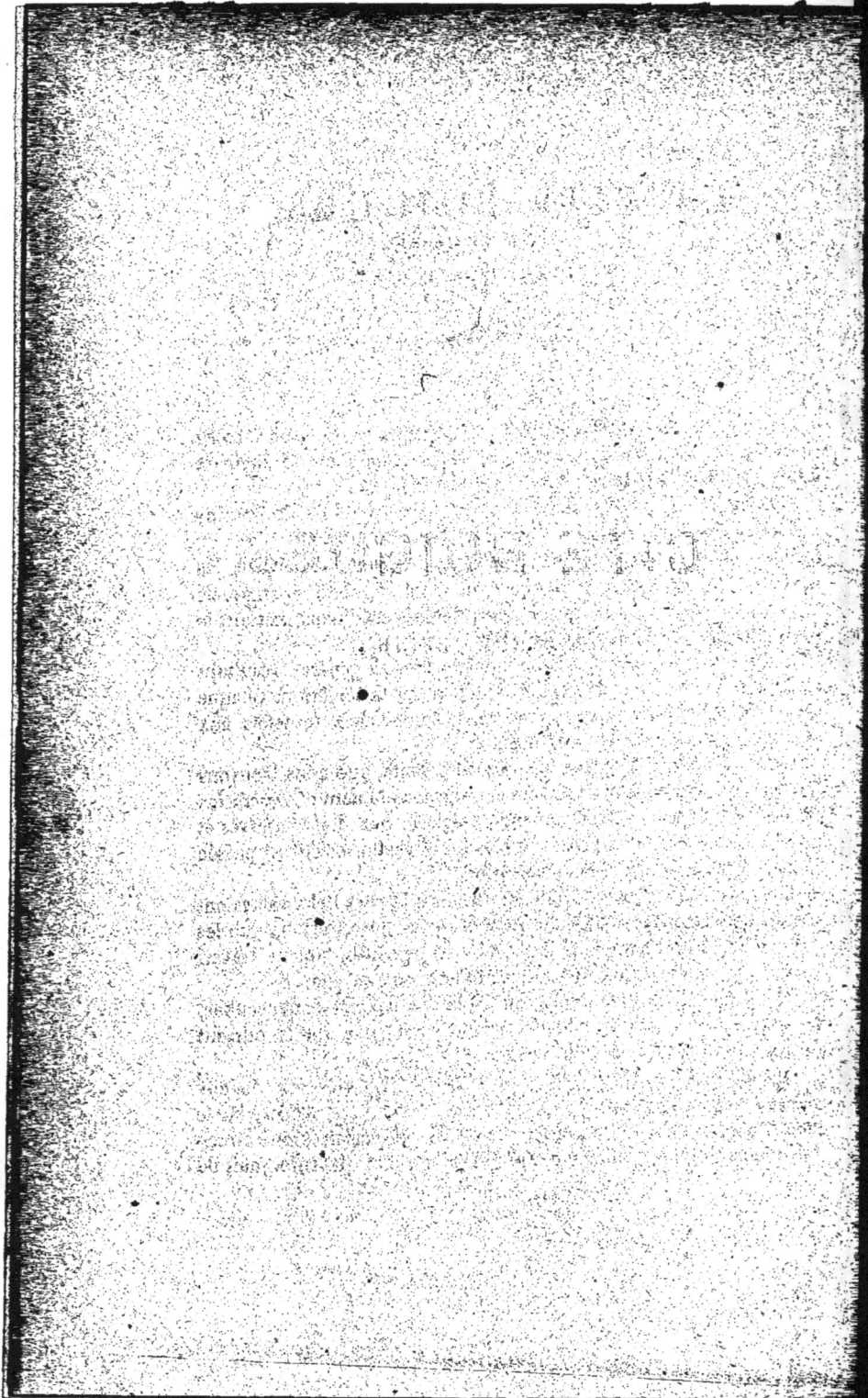

LA CITÉ BOIGUES

CLAMART (SEINE).

En 1849, le 19 mai, on vendait au tribunal civil de première instance de la Seine une propriété située commune de Clamart (Seine) et connue sous le nom de *parc Boigues*.

Toutes les formalités étant remplies, des portions de terrains sont cédées à cinq personnes suivant lotissement convenu.

Pour faciliter les ventes successives qui devaient avoir lieu, les acquéreurs indiquent sur le terrain le tracé de chemins auxquels plus tard on donna les noms des quatre points cardinaux mettant le centre au milieu de la propriété.

Ces ventes sont faites comme toutes celles en général résultant de morcellement sans impliquer l'idée d'une association. Chaque propriétaire agissait suivant son gré, se conformant toutefois aux alignements des chemins indiqués.

Ce n'est qu'en 1858, dix ans après cette vente, que nous trouvons les traces de l'origine de la société connue sous le nom d'*Association de la Cité Boigues*. Des documents précieux ont été conservés et permettent d'établir les phases par lesquelles cette société est passée pour arriver à sa véritable constitution.

Nous avons dit pourquoi les chemins dans le parc Boigues avaient été ouverts ; ajoutons qu'ils l'avaient été sans autorisation ; que les propriétaires n'avaient fait, lors de leur ouverture, aucun travail nécessaire à la viabilité, soit empierrement, soit pavage.

De son coté l'administration municipale ne pouvait s'en occuper, la largeur des chemins n'était pas suffisante pour qu'ils pussent être reçus et classés comme rues.

Cette situation ne pouvait se prolonger ; les chemins étaient devenus impraticables. Pour mettre fin à cet état de choses, M. le maire de Clamart adressa alors à tous les propriétaires une circulaire leur notifiant son arrêté du 11 janvier 1858, qui enjoignait de

clore à leurs extrémités, par des murs ou grilles, les passages
aboutissant aux rues de la commune. Voici cet arrêté :

Commune de Clamart.

Le maire de la commune de Clamart, vu les lois des 14-22 dé-
cembre 1789, 16-24 août 1790 et 18 juillet 1837 qui placent sous
la vigilance des autorités locales tout ce qui intéresse la sûreté et la
commodité de la circulation ;

Considérant que les propriétaires des terrains dépendant autrefois
du parc de Mme Boigues ont ouvert, sans autorisation, sur ces
terrains trois passages qu'ils ont qualifiés du nom de rues : le premier débouchant rue Taboise, le second rue de Bièvres et le troi-
sième rue du Gué ;

Considérant que ces passages ou rues, dont la largeur n'excède
pas 7 mètres, dans lesquels aucun alignement régulier n'a été observé,
qui sont à l'état de chemins de terre et non nivelés, dont l'un a
même une rampe très-roide, suivie d'une pente rapide, ne peuvent
servir sans dangers à la circulation des voitures et n'offrent qu'un
passage incommode et difficile aux piétons ;

Vu le rapport de l'architecte du département de la Seine pour
l'arrondissement de Sceaux,

Arrête :

Il est enjoint aux propriétaires des terrains dont il s'agit de clore
à leurs extrémités, d'ici au 30 avril prochain, par des murs ou des
grilles les passages ou rues ci-dessus désignés.

Les murs ou grilles de clôture devront être placés à l'alignement
qui sera donné par l'autorité municipale sur la demande des inté-
ressés ou de l'un d'eux.

Conformément à l'ordonnance de M. le préfet de police du 20 dé-
cembre 1856, les portes qui seront pratiquées dans lesdites clôtures
devront être fermées à 9 heures du soir du 1er novembre au 1er avril
et à 11 heures du soir du 1er avril au 1er novembre. Les infractions
aux dispositions de cette ordonnance donneraient lieu à des procès-
verbaux de contravention contre tous les propriétaires et locataires
des terrains de l'ancien parc Boigues, comme solidairement respon-
sables.

Faute par lesdits propriétaires de satisfaire aux prescriptions du présent arrêté, ils seront poursuivis devant les tribunaux compétents, sans préjudice des mesures administratives qui pourront être prises.

Fait à Clamart, en mairie, le 11 janvier 1858.

Le maire,
Signé : J. HUNEBELLE.

————————

Les propriétaires du parc Boigues furent émus des difficultés et des ennuis qu'allait créer à chacun en particulier l'arrêté du maire de Clamart, s'il était mis à exécution conformément à cette circulaire.

Aussitôt ils se groupent pour avoir plus de force, et ce fut ainsi et pour ce motif que l'Association de la cité Boigues fut créée.

Pour combiner ce qui devait être fait dans l'intérêt commun, des réunions fréquentes de tous les propriétaires se tiennent sous la présidence de M. Chasteau de Balyon, assisté de M. G. Boissonade comme secrétaire.

Dans une assemblée générale, à la date du 25 février 1858, tous les sociétaires s'engagent par écrit à considérer comme *obligatoire* pour tous les membres, chaque délibération ultérieure, lorsqu'elle serait prise à la majorité absolue des voix.

Cette première délibération étant adoptée, une commission spéciale est nommée pour prévenir l'exécution de l'arrêté de M. le maire de Clamart, empêcher la clôture des chemins, et faire exécuter tels travaux jugés nécessaires.

La commission fit connaître à l'autorité locale la formation d'une association entre tous les propriétaires du parc Boigues, et son intention de faire exécuter des travaux destinés à mettre en bon état de viabilité les chemins ouverts. Sur l'exposé de ces projets, il fut assuré aussitôt aux propriétaires qu'il ne serait donné aucune suite à l'arrêté municipal du 11 janvier 1858.

La commission put alors s'occuper activement et sans préoccupation de tout ce qu'il y avait à faire.

Elle se mit en rapport avec plusieurs entrepreneurs pour avoir des projets et des devis pour l'empierrement et le pavage des rues.

Elle examina avec le plus grand soin toutes les pièces qui lui furent soumises et accepta celui des projets qui lui parut réunir le plus d'avantages et de sécurité pour la société.

Elle fit ensuite l'étude du mode de répartition des dépenses. Ayant à cœur d'établir une base équitable pour tous, elle discuta longuement trois systèmes de répartition et finit par adopter la répartition au marc le franc entre tous les propriétaires, suivant l'importance des immeubles.

Tous les sociétaires réunis en assemblée générale, le 6 juin 1858, acceptent cette décision, ainsi qu'il est constaté par l'article suivant extrait du procès-verbal de la séance :

Art. 2. La répartition de la dépense entre les propriétaires aura lieu au prorata, au marc le franc sur l'estimation déjà opérée des propriétés et énoncée dans un tableau approuvé et annexé à la présente délibération.

La reproduction de ce tableau est jugée sans importance dans ce travail, des ventes successives ayant modifié les propriétés et les estimations de cette époque (1858) ayant été changées par suite de constructions nouvelles ou d'additions de terrains aux divisions qui existaient alors.

Disons cependant que ce tableau indique 650,000 francs comme estimation des propriétés et 17,500 francs comme dépenses; ce qui fait ressortir à 2 f. 6924, soit 2 f. 70 pour cent, la part contributive pour chacun.

A cette même réunion du 6 juin 1858, le cas de constructions nouvelles, donnant une plus-value à la propriété, fut prévu comme devant également profiter à la Société, et on adopta le paragraphe suivant désigné article 7.

Chaque construction nouvelle de toutes natures autre que celle d'entretien partiel, sera évaluée par estimation amiable entre le propriétaire constructeur et la commission, et elle donnera lieu en faveur de la communauté à une indemnité égale quant au tant pour cent sur la valeur des constructions à celle qui aura été reconnue à la charge de chaque propriétaire pour raison des dépenses occasionnées par les rues à mettre en état.

C'est en vertu de cet art. 7 et conformément au quantum donné par ce tableau que la taxe de deux francs soixante-dix centimes pour cent est appliquée pour la perception de la contribution des nouvelles constructions.

Les travaux ont été exécutés dans toutes les rues avec le plus grand soin et sous la surveillance la plus assidue de la commission.

M. Ollivier, architecte de la commune, fut choisi pour procéder à la réception des travaux, pour vérifier et apurer les comptes. Dans un procès-verbal rédigé avec beaucoup de netteté, M. Ollivier a constaté que tout avait été fait pour le mieux et que décharge pouvait être donnée à M. Chazelle, entrepreneur.

C'est dans cette situation que les propriétaires sont convoqués en assemblée générale le 17 octobre 1858 pour entendre le rapport de la commission sur tout ce qui avait été fait et approuver les termes du règlement qui nous régit.

C'est ainsi qu'avaient été menés à bonne fin en moins d'une année : la création de l'Association de la *Cité Boigues*, qui puise sa force dans la solidarité qui unit les membres qui la composent; les travaux considérables qui, mettant les rues en état de viabilité, enlevaient à l'autorité municipale l'idée première d'en ordonner la fermeture; et, enfin, un règlement et une organisation administrative ne laissant rien à désirer.

RÈGLEMENT GÉNÉRAL

Voté dans la séance du 17 octobre 1858

PAR LES PROPRIÉTAIRES DES FONDS SITUÉS DANS L'ANCIEN PARC BOIGUES ET DANS
L'ANCIEN CLOS FAUVEAU, COMMUNE DE CLAMART (SEINE),
POUR L'USAGE ET L'ENTRETIEN DES VOIES QUI Y SONT OUVERTES.

CHAPITRE PREMIER.

DISPOSITIONS PRÉLIMINAIRES.

ARTICLE 1er.

Tous les terrains composant autrefois le parc Boigues et le clos Fauveau sont désormais compris sous la dénomination unique de *Cité Boigues.*

Les voies qui y sont ouvertes conservent les noms de :
Rond-point du Centre, comme point de départ ;
Rue du Nord,
Rue du Sud,
Rue de l'Est,
Rue de l'Ouest,
Rue du Grand-Fossé,
Impasse Fauveau.

En tête de chacune des voies qui joignent les rues communales sont placées des indications portant le nom de *Cité Boigues.* Toutes les voies portent en outre les dénominations ci-dessus.

ART. 2.

Toute délibération de l'assemblée des propriétaires est obligatoire pour tous, lorsqu'elle réunit la majorité absolue des voix des membres présents, représentant, en outre, les trois quarts du revenu imposable, tel qu'il est fixé par le cadastre ou par les notes et documents municipaux concernant les propriétés non encore imposées, conformément à la première délibération des propriétaires, en date du 25 février dernier.

Néanmoins, la simple majorité suffit chaque fois que la délibération ne concerne que le mode d'usage ou d'entretien des voies, ou les élections dont il sera parlé ci-après.

ART. 3.

Les dépenses d'entretien et autres charges, tant ordinaires qu'extraordinaires, de la Cité, ont lieu par voie de cotisation annuelle entre les propriétaires, au prorata de l'estimation première de leurs fonds, augmentée en raison des constructions nouvelles, conformément à la délibération du 6 juin dernier et au tableau annexé au procès-verbal de la séance du même jour.

Néanmoins, dans l'année même des constructions nouvelles, la contribution spéciale à laquelle elles donneront lieu ne s'augmentera pas du supplément de cotisation fondé sur la nouvelle valeur imposable.

Toute propriété morcelée sera dégrevée dans une proportion déterminée par l'assemblée.

ART. 4.

Dans le cas où un fonds est grevé d'usufruit, l'usufruitier supporte en entier la cotisation annuelle, mais les contributions nouvelles demeurent à la charge du nu propriétaire, à moins que les constructions qui y ont donné lieu n'aient été faites dans l'intérêt de l'usufruitier.

L'usufruitier a voix délibérative sur toutes les questions qui peuvent entraîner une charge pour lui.

Les amendes dont il est parlé ci-après, bien que prononcées contre l'usufruitier, peuvent être réclamées du nu propriétaire, par voie de garantie.

Dans le cas de location du fonds, les amendes sont prononcées contre le bailleur, qui demeure personnellement responsable des faits de ses locataires et préposés.

ART. 5.

Il est formé un fonds commun avec la cotisation annuelle et les contributions nouvelles réunies aux amendes et aux indemnités spéciales dont il est parlé plus loin, ainsi qu'aux dons et legs qui pourront être faits, soit en nature, soit en argent, et dont l'acceptation par la Commission sera suffisante.

CHAPITRE II.

DU BUREAU ET DE LA COMMISSION.

ART. 6.

Le Bureau se compose d'un Président, d'un Secrétaire et d'un Trésorier.

Le Président convoque chaque année les propriétaires à deux réunions en assemblée générale, dans la première quinzaine des mois de juin et d'octobre.

Le lieu est désigné par lui.

Des assemblées extraordinaires peuvent en outre être provoquées, soit par lui, soit par la Commission dont il est parlé ci-après.

Dans tous les cas, les convocations doivent porter l'indication des points principaux à discuter et à décider.

Le Secrétaire est gardien des minutes. — Il peut toutefois les remettre, en tout ou partie, au Président de la Commission, sur récépissé.

Le Trésorier administre le fonds commun sous le contrôle de la Commission. — Il est chargé d'effectuer les recettes et les payements sur mandats délivrés par le Président de la Commission. — En cas d'empêchement, il est remplacé par le Président de la Commission.

ART. 7.

Les intérêts des propriétaires sont confiés aux soins d'une Commission permanente de trois membres; elle porte le titre de *Commission de la Cité Boigues.*

ART. 8.

Les membres du Bureau et de la Commission sont nommés chaque année, dans la réunion du mois d'octobre, à la majorité des voix des membres présents et au scrutin secret.

En cas d'empêchement d'un ou de deux membres, soit du Bureau, soit de la Commission, dans l'intervalle d'une réunion à l'autre, les membres non empêchés des deux qualités appellent en remplacement, par *intérim*, autant de propriétaires qu'il s'en trouve d'empêchés.

Ce choix doit être fait à l'unanimité.

Dans aucun cas il ne peut existér plus de trois remplacements simultanés.

ART. 9.

Lors de chaque assemblée, la Commission et le Trésorier rendent compte de leurs opérations.

ART. 10.

La Commission délibère à la simple majorité, sauf les exceptions portées aux articles 35 et 36.

Elle peut toujours appeler dans son sein, avec voix simplement consultative, telle personne qu'elle croit pouvoir l'éclairer.

ART. 11.

Tous avis, correspondance, autorisations, décisions de la Commission sont inscrits sommairement et signés sur un registre coté et paraphé par les membres du Bureau.

ART. 12.

Toutes poursuites judiciaires ont lieu par les soins de la Commission.

La Commission peut également consentir toutes transactions ;

Mais, dans ces deux cas, elle doit s'adjoindre au Bureau et délibérer à la majorité de cinq voix sur six.

ART. 13.

Dans le cas de poursuites judiciaires, les droits de timbre, d'amende et d'enregistrement des délibérations et règlements, sont supportés par celle des parties qui y a donné lieu.

ART. 14.

La Commission nomme et révoque les préposés à l'entretien des voies.

Elle peut accorder aux préposés chargés de constater les contraventions, une gratification par chaque amende encourue.

CHAPITRE III.

DES CONTRAVENTIONS ET AMENDES.

ART. 15.

Les immondices, pierres, terres, etc., provenant des cours et jardins, ne pourront être déposées sur la voie publique, sous peine d'une amende de *cinq* francs, encourue par le propriétaire contrevenant ou dont le préposé sera convaincu de cette contravention.

Le propriétaire devra, en outre, faire enlever lesdits objets dans les vingt-quatre heures de la dénonciation faite à lui-même ou à son préposé par lettre de la Commission; et, faute par lui d'y satisfaire, il y sera pourvu d'office à ses frais.

ART. 16.

Les fumiers, sables et autres approvisionnements des cours et jardins ne pourront séjourner sur la voie publique au delà de trois jours, y compris celui du dépôt, sous peine d'une amende de *trois* francs et de leur *enlèvement* d'office aux frais du propriétaire pour être portés de suite aux décharges publiques.

La Commission, sur la demande du propriétaire, pourra substituer au transport à la décharge l'amende de *trois* francs par jour de retard et par mètre cube de matériaux.

ART. 17.

Il est défendu de secouer sur la voie publique des tapis et autres objets pouvant nuire aux passants; d'étendre aux croisées ou sur des perches ou cordes, pour les y faire égoutter ou sécher, des linges ou étoffes quelconques, sous peine d'une amende de *deux* francs.

ART. 18.

Il est défendu, sous peine d'une amende de *deux* francs, de laisser vaguer sur la voie publique des porcs, poules, oies, canards et autres animaux de basse-cour.

ART. 19.

Il est défendu, sous peine d'une amende de *dix* francs, de placer

aux fenêtres, terrasses, murs et autres lieux élevés bordant la voie
publique, des caisses, pots de fleurs, vases et autres objets, à moins
qu'ils ne soient retenus par des balcons, barres ou supports qui en
rendent la chute impossible.

Il est aussi défendu, sous peine d'une amende de *trois* francs,
d'arroser les vases et pots à fleurs dans les endroits où l'eau peut
égoutter sur les passants.

ART. 20.

Les jeux de quilles, de palets, de siam, de boules et tous autres
qui pourraient occasionner des accidents, ou gêner la circulation,
sont interdits sur la voie publique, sous peine d'une amende de
dix francs.

ART. 21.

Les eaux ménagères et les eaux d'étables ou d'écuries seront
absorbées dans les cours et jardins.

En cas d'infraction par suite de défaut de tuyaux ou caniveaux,
la Commission donnera un délai de quinze jours pour leur établissement; passé ce délai, tout contrevenant encourra une première
amende de *vingt* francs, plus *trois* francs par jour de retard après
un nouveau délai de quarante-huit heures.

Si les eaux insalubres sont jetées des maisons, chaque contravention sera punie d'une amende de *trois* francs.

ART. 22.

Les eaux pluviales provenant des toits et terrains et qui s'écou-
lent sur la voie publique devront être dirigées dans les caniveaux
de manière à n'occasionner aucune détérioration aux trottoirs ni à
la chaussée, sous peine d'une amende de *cinq* francs et de tous les
frais de réparation.

ART. 23.

Les élagages de branches et racines doivent être effectués dans
les huit jours de l'avis donné par la Commission. En cas de refus,
le propriétaire devient passible d'une amende de *cinq* francs et
cette opération est faite de suite à ses frais.

Art. 24.

Il est défendu de faire, sans en donner un avis préalable à la Commission, aucune construction nouvelle dans l'intérieur des propriétés, aucun travail de réparation ou changement aux anciens bâtiments ou murs de clôture, ainsi qu'aux haies ou palis bordant la voie publique, sous peine d'une amende de *dix* francs.

Art. 25.

Défense est faite d'établir, sans autorisation de la Commission conformément à l'art. 36, aucun objet faisant saillie sur la voie publique, sous peine d'une amende de *cinq* francs. — En cas de refus de la Commission, le propriétaire pourra recourir devant le Bureau et la Commission réunis statuant à la majorité de cinq voix sur six.

Art. 26.

Les murs et bâtiments menaçant ruine devront être étayés immédiatement, sur avis de la Commission; tout contrevenant sera passible d'une amende de *vingt-cinq* francs.

La Commission pourra faire étayer aux frais de celui-ci.

En cas de chute ou éboulement sur la voie publique, l'amende sera de *cinquante* francs, sans préjudice de toute indemnité pour dommages aux personnes ou aux propriétés, conformément au droit commun.

Dans ce cas, comme dans celui d'éboulement imprévu (lequel ne donnera lieu à aucune amende), la voie devra être immédiatement déblayée par le propriétaire, sinon il encourra une amende spéciale de *vingt* francs.

Art. 27.

Toute modification de trottoirs, caniveaux ou chaussée, sans autorisation de la Commission, est punie d'une première amende de *vingt* francs, et, en outre, d'une amende de *cinq* francs par jour de retard au rétablissement des lieux, après le délai accordé par la Commission pour l'effectuer.

Art. 28.

Les matériaux nécessaires aux constructions devront être enlevés de la voie publique ou employés au fur et à mesure des approvisionnements, sans que la chaussée puisse être embarrassée au-delà de la moitié de sa largeur, les voisins étant d'ailleurs préservés. Toute infraction donnera lieu à une amende de *trois* francs.

En cas de travaux simultanés des deux côtés de la voie, les matériaux devront être disposés de manière à laisser toujours la voie libre à la circulation d'une voiture, sous peine d'une amende de *cinq* francs pour celui qui aura fait le second dépôt des matériaux.

Dans tous les cas, le cours des eaux dans les caniveaux devra être ménagé, sous peine de *cinq* francs d'amende.

Art. 29.

Dans tous les cas de travaux exécutés à l'extérieur, la voie publique devra être rendue à son état primitif au-devant des propriétés, aussitôt après les travaux terminés, sous peine d'une amende de *cinq* francs encourue après vingt-quatre heures d'un avis de la Commission qui, passé ledit délai, pourvoira d'office au nettoyage et à la réparation, aux frais du contrevenant.

En cas de dégradation aux bordures et caniveaux, le délai pourra être augmenté par la Commission à raison de la réparation à faire.

Art. 30.

Les voitures, camions, brouettes et outils de tous genres laissés sur la voie publique, deux heures après l'expiration de la journée de travail, donneront lieu à une amende de *deux* francs.

Art. 31.

Lorsqu'un chargement ou déchargement d'objets quelconques aura été opéré sur la voie publique, l'emplacement devra être balayé et les résidus rentrés immédiatement dans la propriété ou portés aux décharges publiques, sous peine d'une amende de *deux* francs et des frais de transport.

Art. 32.

Tous échafaudages et matériaux ayant pour objet des travaux en voie d'exécution, et tous autres objets qu'il y aurait nécessité absolue de laisser sur la voie publique pendant la nuit, devront être éclairés dès la chute du jour, aux frais et par les soins du propriétaire et rangés de manière à ne point empêcher la liberté et la sécurité de la circulation, sous peine d'une amende de *dix* francs.

Pour les nuits de lune, on se conformera à ce qui se fait dans la commune.

ART. 33.

Les contraventions seront constatées par un rapport fait à la Commission par le préposé à l'entretien des rues. Les rapports écrits seront annexés au registre de la Commission ; les rapports verbaux y seront mentionnés sommairement.

La Commission, après avoir entendu le contrevenant ou lui dûment appelé huit jours à l'avance, statuera à la majorité, sauf recours devant le Bureau et la Commission réunis qui décideront souverainement à la simple majorité. Il ne sera pas nécessaire d'entendre ni d'appeler de nouveau le contrevenant, mais les rapports seront lus.

ART. 34.

Le délai pour le recours dont il est parlé en l'article précédent sera de quinze jours, à partir de la condamnation si elle est contradictoire, et de l'avis donné par la Commission, si elle est par défaut.

CHAPITRE IV.

DES INDEMNITÉS.

ART. 35.

Toute exploitation de matériaux, tels que pierres, cailloux, sable, terre, bois ou pierres en chantier et autres entreprises pouvant donner lieu à une circulation extraordinaire de voitures, donneront lieu à une indemnité, soit par quantité de matériaux transportés, soit par voyage de voiture chargée, soit par abonnement.

L'indemnité sera réglée par la Commission à l'unanimité, pour l'intervalle d'une réunion à l'autre, sauf recours devant la Commission et le Bureau réunis, statuant à la majorité de cinq voix sur six.

Le recours pourra être formé soit par le propriétaire grevé de l'indemnité, soit par tout propriétaire qui trouvera l'indemnité insuffisante.

ART. 36.

Tous ouvrages nouveaux devant faire saillie sur la voie publique ne pourront être autorisés par la Commission, conformément à l'article 25, que moyennant une indemnité déterminée comme il est dit en l'article précédent et sauf le même recours. Elle sera fixe et unique pour toute la durée des ouvrages autorisés.

CHAPITRE V.

DISPOSITIONS GÉNÉRALES.

ART. 37.

Dans le cas où une ou plusieurs des rues et impasses comprises dans la cité Boigues seraient reçues par la commune ou le département, les propriétaires riverains desdites voies resteraient tenus de contribuer à l'entretien des autres voies, et continueraient à avoir voix délibérative aux assemblées.

Ils pourraient également faire partie du Bureau et de la Commission.

ART. 38.

Dans tous les cas où l'amende est encourue en vertu du présent Règlement par l'inobservation d'un délai, la Commission pourra augmenter ce délai, à raison des intempéries ou de force majeure.

ART. 39.

Les amendes portées par le présent Règlement ne seront encourues qu'à partir du 1er novembre 1858.

ART. 40.

Toutes décisions antérieures des assemblées des propriétaires de la cité Boigues et non contraires aux présentes sont et demeurent maintenues.

Vu par les Membres du Bureau :   *Vu par la Commission :*

(Signé) CHASTEAU DE BALYON,   (Signé) D. GOGUE,
G. BOISSONADE,   GESLIN,
PRÉVILLE.   CROTTEAUX.

ARTICLES ADDITIONNELS ET SUPPLÉMENTAIRES

AU RÈGLEMENT GÉNÉRAL

POUR L'USAGE ET L'ENTRETIEN DES RUES ET IMPASSES

DE LA

CITÉ BOIGUES

A CLAMART (SEINE).

ARTICLES ADDITIONNELS

Votés, dans la séance du 10 juillet 1859, par les propriétaires de ladite Cité.

ART. 11.

« Il est défendu, sous peine d'amende de *quinze* francs, de laisser
» vaguer des chiens sur la voie publique, autrement que tenus en
» laisse.

« En cas de récidive dans l'année, l'amende sera doublée. »

ART. 12.

« L'amende prononcée par la Commission, conformément à
» l'art. 33, pourra être remise en tout ou en partie par le Bureau
» et la Commission réunis, statuant à la majorité de cinq voix sur
» six. »

ARTICLES SUPPLÉMENTAIRES.

Votés dans la séance du 24 juin 1860.

ARTICLE PREMIER.

« La Commission instituée par le règlement général du 17 oc-
» tobre 1858 est supprimée.

» Ses pouvoirs et attributions sont dévolus au Bureau institué par
» le même règlement, avec les modifications suivantes :

» Le Bureau se compose de cinq membres ; ils sont nommés pour
» cinq ans et indéfiniment rééligibles.

» Chaque année un membre sortant, désigné par le sort, est rem-
» placé au scrutin, en assemblée générale.

» Le Bureau procède lui-même à la nomination du Président, du
» Trésorier et du Secrétaire. »

Art. 2.

« Le Bureau peut déléguer, sous sa responsabilité, un de ses
» membres, ou l'un des autres propriétaires de la Cité, pour tous
» les actes de simple administration. »

Art. 3.

« L'application des amendes, les poursuites judiciaires, les tran-
» sactions et généralement tous actes autres que de pure adminis-
» tration, resteront attribués exclusivement au Bureau. »

Art. 4.

« Les décisions du Bureau seront prises à la majorité; mais la
» présence de trois de ses membres est nécessaire à la délibération.
» En cas de partage, la voix du Président est prépondérante.
» En cas de démission ou de décès, d'un ou plusieurs des mem-
» bres du Bureau, les membres non empêchés appelleront par in-
» térim autant de propriétaires de la Cité. »

Art. 5.

« La réunion annuelle en assemblée générale fixée au mois d'oc-
» tobre est supprimée. »

Art. 6.

« Le mandataire d'un des propriétaires de la Cité, bien que pou-
» vant le représenter aux assemblées générales, ne pourra être
» nommé membre du Bureau. »

Art. 7.

« L'assemblée générale déterminera, chaque année, le montant
» de la cotisation.
» Elle sera exigible dans le mois de la délibération. »

Art. 8.

« Le règlement général reste en vigueur pour toutes ses disposi-
» tions non contraires aux modifications qui précèdent. »

Vu par les membres du Bureau.

Signé : CHASTEAU DE BALYON, PRÉVILLE, G. BOISSONADE,
REBOUR aîné, E. BAR.

Jusqu'à l'assemblée générale du 27 juillet 1862, la Société fut présidée par M. Chasteau de Balyon. Lors de cette réunion, ainsi qu'on le voit au procès-verbal de la séance, les sociétaires de la Cité Boigues ont voté à l'unanimité de vifs remerciements à M. Chasteau de Balyon que sa santé obligeait à se retirer.

Les regrets les plus sincères de sa démission lui sont exprimés.

A l'unanimité il est nommé président honoraire.

C'était reconnaître comme il convenait les services éminents rendus par M. Chasteau à la société qu'il avait créée, à laquelle il s'était consacré pendant les dures années de sa fondation et dont il ne remettait la direction à d'autres mains que lorsque son avenir était assuré.

Jusqu'en 1866, la place du Gué formant une entrée principale
de la Cité était le réceptacle des débarras du pavage et des immondices de la commune.

Le Bureau, présidé par M. Petit, toujours soucieux d'améliorations
fit des démarches près de l'autorité municipale pour obtenir que le
soin d'entretenir convenablement cette place fût laissé à la Cité.
Le Bureau exprima le désir d'y faire un square et obtint à cet effet
une délibération du conseil municipal ainsi conçue :

MAIRIE DE CLAMART

EXTRAIT

Du registre des délibérations du conseil municipal.

SÉANCE DU 12 NOVEMBRE 1865.

Le maire a donné connaissance au conseil municipal d'un
projet conçu par l'Association des propriétaires de la Cité Boïgues
consistant à créer un jardin d'agrément sur la place du Gué, où
ladite Cité prend son entrée principale.

Ces propriétaires se chargeraient de l'établissement de ce square
et de son entretien.

Mais comme l'embellissement qui sera ainsi réalisé profitera
non-seulement à la Cité, mais encore à la commune, ils demandent
que celle-ci contribue pour partie à la dépense de ce premier établissement, se chargeant de pourvoir eux-mêmes au surplus de
cette dépense.

Une discussion s'est engagée sur ce projet.

Il a été reconnu qu'en effet l'établissement d'un jardin d'agrément de la place du Gué, qui est une dépendance de la voie publique, aux termes du plan d'alignement, de la rue du Gué, sur lequel
elle est comprise et par conséquent propriété publique communale,
profiterait au public et qu'il n'y aurait pas d'inconvénient à y établir un square, pourvu que la commune pût toujours le supprimer

sans avoir aucune indemnité à payer aux propriétaires de la Cité à raison de la dépense qu'ils y auront faite, si des circonstances, en ce moment imprévues, faisaient juger nécessaire de remettre en état de voie publique la partie de ladite place occupée par le square projeté.

L'établissement de ce square pouvant occasionner du reste certains travaux à faire au pavage de la voie publique communale environnante, il a paru convenable de faire contribuer la commune à partie de la dépense à faire, soit pour une somme de cinquante francs.

En conséquence il a été pris la délibération suivante :

Le Conseil municipal est d'avis qu'en laissant à la circulation sur la rue du Gué, vis-à-vis de la place du Gué, la largeur de huit mètres assignée par le plan d'alignement au surplus du parcours de ladite rue, il y a utilité pour l'embellissement de ce quartier de la commune, à convertir en square une partie de la place communale dite du Gué,

Et délibère :

ARTICLE 1er.

La commune contribuera pour une somme de cinquante francs qui sera versée directement aux ouvriers ou entrepreneurs sur la production de leurs mémoires, conformément aux règles de la comptabilité communale, à la dépense du premier établissement de ce square qui sera exécuté par les soins des propriétaires de la Cité Boigues après qu'ils se seront entendus avec l'autorité municipale sur les détails de leur projet.

Il est voté à cet effet au budget de 1866 un crédit additionnel de cinquante francs à prendre sur les fonds libres de la caisse municipale.

ART. 2.

Les offres faites par les propriétaires de la Cité de se charger du surplus de la dépense du premier établissement de ce square et de son entretien constant, sont acceptées sous la réserve qu'ils ne se prévaudront jamais des dépenses qu'ils auront faites pour réclamer aucune indemnité dans le cas où la commune jugerait nécessaire de rendre cette partie de la place du Gué à la circulation générale.

A cet effet, ils devront, préalablement à toute entreprise des travaux dont il s'agit, reconnaître qu'ils adhèrent à la présente délibération.

Depuis lors, le square de la place du Gué existe, il est pourvu à son entretien par les soins du Bureau qui n'a jamais rien négligé pour rendre aussi agréable que possible l'aspect de cette entrée principale de la Cité.

Il y a tout lieu d'espérer que rien ne viendra modifier cet état de choses.

En 1868 Il s'opérait, dans la commune de Clamart, une amélioration sollicitée depuis longtemps par les habitants. La Compagnie générale des eaux de Paris conduisait dans tous les quartiers les eaux de Seine prises en amont de Paris, et en faisait la distribution aux habitants suivant abonnement.

Les voies de la cité Boigues n'étant pas comprises comme rues ou chemins de la commune la Compagnie générale des eaux ne pouvait y faire poser ses conduites sans une autorisation spéciale. Une mention particulière dans le traité passé entre la commune et la compagnie avait réservé tout droit à cet égard.

Une demande écrite fut faite par l'Administration des eaux. Elle fut transmise au président par lettre de M. le maire de Clamart qui joignait une copie du traité à la demande d'autorisation.

En raison de l'importance et des conséquences de cette demande, le Bureau, malgré tous ses pouvoirs, ne crut pas devoir donner cette autorisation sans le vote d'une assemblée générale.

Tous les propriétaires furent convoqués le 12 juillet 1868.

L'autorisation demandée fut votée à l'unanimité par les membres présents délibérant conformément à l'art. 2 du Règlement du 1er février 1858.

La canalisation fut faite aux conditions établies par le traité passé entre la commune et la Compagnie des eaux. Copie de ce traité est jointe à la susdite délibération.

Depuis lors chacun des propriétaires a pu jouir de l'avantage que cette canalisation lui donne et se féliciter de la concession de pose de tuyaux accordée à la Compagnie générale des eaux.

La cité Boigues a eu à supporter sa part des terribles épreuves des années 1870, 1871 ; toutes les propriétés qui en font partie ont été plus ou moins atteintes par le double fléau de l'occupation étrangère et de la guerre civile. Nous sommes heureux de constater que notre association a supporté vaillamment ces épreuves et qu'aujourd'hui la Cité a repris son aspect ordinaire et que toute trace de ruines a disparu. Les assemblées générales de 1871 et 1872 ont prouvé, par le nombre des membres présents et la bonne entente qui n'a cessé de présider aux délibérations, que l'esprit de confraternité qui a fait jusqu'à ce jour la force de l'association tend encore à s'accroître et lui assure une longue prospérité.

Novembre 1872

Paris. — Imprimerie de E. DONNAUD, rue Cassette, 9.

Comme complément de tout ce que nous venons de dire sur la Cité, nous avons cru utile d'indiquer sur un plan général la position des terrains qui ont été la propriété de Mme Boigues et d'établir ensuite d'après les données du cadastre la part de chaque propriétaire membre de l'association de la cité Boigues.

N'ayant eu à notre disposition aucun document officiel sur la contenance de chaque nouvelle propriété, nous avons fait les démarcations aussi exactes que possible, mais nous n'entendons en quoi que ce soit engager une responsabilité dans le tracé des lignes indiquant les divisions.

Nous ne mettons pas en doute que chacun comprendra notre intention et notre réserve et que personne ne se prévaudra jamais de notre travail pour établir une contenance et faire l'objet d'une contestation.

Paris. — Imprimerie de E. Donnaud, rue Cassette, 9.

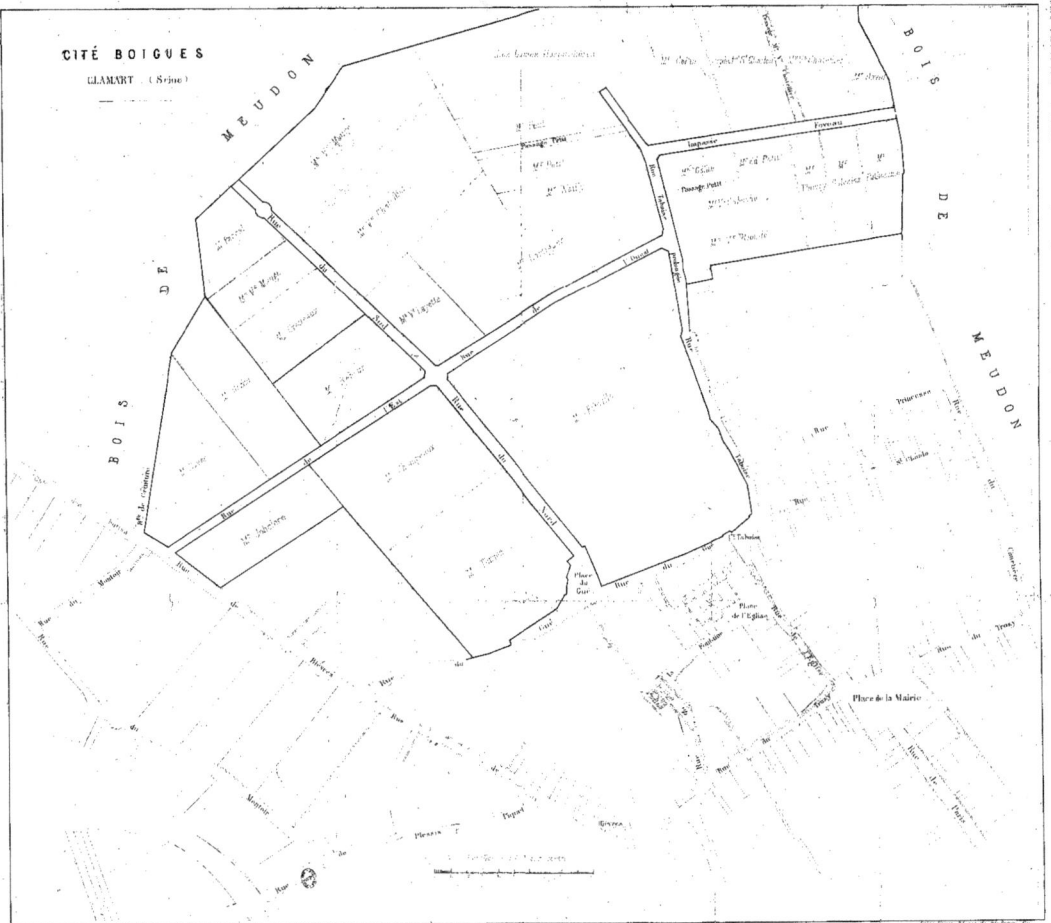

CITÉ BOIGUES
CLAMART (Seine)

BOIS DE MEUDON

BOIS DE MEUDON

Place de la Mairie

www.ingramcontent.com/pod-product-compliance
Lightning Source LLC
Chambersburg PA
CBHW060811280326
41934CB00010B/2639